Kirsche & Aprikose

von Bettina Snowdon
fotografiert von Karl Newedel

Bassermann Inspiration

Erste Kirschen

»Welch ein duftig-roter Haufen
Auf der Obstfrau Ladentisch!
Alles eilt, davon zu kaufen:
Kirschen sind es, jung und frisch.«

Franz Wisbacher 1849–1912

Kirschen

Wenn die Kirschen endlich reif sind, steht der Sommer in voller Blüte. Prallvoll mit Sommerwärme lassen die kleinen Früchte selbst an kühlen und regenverhangenen Tagen die Sonne ohne Umweg in unsere Seele scheinen. Ob in einem saftigen Kuchen, einer cremigen Torte, einem sahnigen Dessert oder auch als pikantes i-Tüpfelchen zu Fisch und Fleisch: Süß- und Sauerkirschen punkten stets mit ihrem unnachahmlich köstlichen Geschmack.

Aprikosen

So müssen Aprikosen sein: Schon beim Hineinbeißen in die samtig weiche Frucht breitet sich ihr üppiges, süßes Aroma im gesamten Gaumen aus und unweigerlich hört man ein genießerisches „Hmm"! Die hübschen orangefarbenen Früchte versprechen herrliche Genüsse für alle Gelegenheiten und beflügeln die Fantasie in der Küche, sei es in Gebackenem, Muffins, Nachspeisen, Konfitüren, Chutneys oder als Begleiter zu Deftigem.

Kir

sche

Rot wie die Liebe

sauer oder süß

unnachahmlich kirschig

wie ein Kuss im Sommer

Genuss pur

Kirsch-Rosmarin-Limonade

10 Minuten * Ziehzeit: 6 Stunden * 1 Liter

1 Rübensirup und Rosmarin mit 100 ml Wasser aufkochen und mindestens 6 Stunden ziehen lassen.

2 Die Zitronen auspressen und 100 ml Saft abmessen. Die Rosmarin-Rübensirup-Mischung mit Kirsch- und Zitronensaft in einer Karaffe vermischen und mit dem Mineralwasser auffüllen.

3 Auf Eiswürfeln servieren oder in Flaschen füllen und für später kalt stellen.

»Eine **einfach** selbstzumachende Limonade **mit spritzigem Aroma.**«

Tipp

Den Rosmarin durch winterlich wärmende Gewürze wie etwas Muskatblüte, 1–2 Sternanis und eine halbe Zimtstange ersetzen und auf die gleiche Weise zubereiten – schon der Duft verbreitet eine herrlich gemütliche Adventsstimmung.

* 100 g heller Zuckerrübensirup
* 1–2 Zweige Rosmarin
* 2 Zitronen
* 120 ml Kirschsaft (100 % Frucht)
* 580 ml Sprudelwasser
* Eiswürfel

Kirschkompott

* 500 g Sauerkirschen
* 125 ml Wasser
* 2 TL Speisestärke
* 125 ml Kirschsaft
* 2 EL Zucker

Pfannkuchen

* 1 EL Butter
* 1 Ei (Größe M)
* 125 ml Buttermilch
* 1 EL Zucker
* 1 Prise Salz
* 125 g Mehl
* 1 TL Backpulver
* 3–4 EL Butter zum Ausbacken

Außerdem

* Pfanne (24 cm Durchmesser)

Buttermilchpfannkuchen

20 Minuten * 4 Portionen

1 Die Kirschen waschen, entsteinen und im geschlossenen Topf mit Wasser so lange kochen, bis sie weich sind. Den Sud abgießen, 4 EL davon auffangen und mit der Speisestärke glatt rühren.

2 Den Kirschsaft in einem Topf aufkochen, die angerührte Speisestärke einrühren, nochmals kurz aufkochen und den Zucker einrühren. Die Kirschen unterheben und abkühlen lassen.

3 Für die Pfannkuchen 1 EL Butter zerlassen und leicht abkühlen lassen. Mit Ei, Buttermilch, Zucker und Salz verrühren. Mehl und Backpulver vermischen, sieben und unterrühren. Den Teig zugedeckt etwa 10 Minuten quellen lassen.

4 Butter in einer beschichteten Pfanne erhitzen. Portionsweise etwa 8 Pfannkuchen von jeder Seite goldbraun backen. Die Pfannkuchen mit den Kirschen anrichten.

Tipp

Außerhalb der Saison lässt sich Kirschkompott mit eingelegten Sauerkirschen aus dem Glas zubereiten, dann den Saft aus dem Glas verwenden.

»Das schmeckt nach **Kindheit**.«

»Mit natürlichem Stiel **zum Anfassen**!«

Vanillesauce

- 1 Ei (Größe M)
- 1 EL Zucker
- 1 EL Speisestärke
- 250 ml Milch
- 1 Vanilleschote

Teig

- 500 g Süßkirschen
- 3 Eier (Größe M)
- 150 g Mehl
- 175 ml helles Bier
- 3 EL neutrales Pflanzenöl
- ¼ TL gemahlene Vanille
- 1 TL abgeriebene Schale 1 Bio-Zitrone
- 1 Prise Salz
- 2 EL Zucker
- 750 ml Frittierfett

Außerdem

- Holzspieße

Kirschen in Bierteig

30 Minuten * 4 Portionen

1 Für die Vanillesauce das Ei trennen und Eigelb, Zucker und Speisestärke mit 50 ml Milch verrühren. Die Vanilleschote aufschlitzen, das Mark herauskratzen. Schote und Mark mit der übrigen Milch aufkochen. Den Topf vom Herd ziehen und die Milch etwa 10 Minuten ziehen lassen.

2 Die Schote aus der Milch nehmen. Die Eigelb-Stärke-Mischung einrühren, den Topf wieder auf die Platte stellen und die Sauce erhitzen, bis sie andickt. Nicht kochen lassen!

3 Das Eiweiß steif schlagen und nach und nach unter die abgekühlte Vanillesauce heben.

4 Die Kirschen waschen und abtropfen lassen. Die Eier für den Teig trennen. Das Mehl mit Bier, Öl, Eigelben, gemahlener Vanille und Zitronenschale verrühren. Das Eiweiß mit Salz und Zucker steif schlagen und vorsichtig unter den Teig heben.

5 Das Frittierfett in einem Topf auf 160 °C erhitzen. Die Kirschen einzeln auf die Spieße stecken, durch den Teig ziehen und goldbraun frittieren. Auf Küchenpapier abtropfen lassen und mit der Vanillesauce servieren.

Tipp

Das Bier im Teig lässt sich auch durch die gleiche Menge Weißwein ersetzen.

- 200 g Sauerkirschen
- 2 TL Zucker
- Saft und abgeriebene Schale 1 Bio-Orange
- 1 TL Speisestärke
- 2 EL Wasser
- 1 Blatt Gelatine
- 3 Eigelbe
- 75 g Puderzucker
- 75 g Sahne
- 250 g Mascarpone
- 150 g Löffelbiskuits
- 200 ml starker Espresso
- 2 TL Kaffeelikör
- Kakaopulver zum Bestäuben
- 3 EL Lavendelhonig

Außerdem
- 4 Gläser

Kirsch-Orangen-Tiramisu

1½ Stunden * Kühlzeit: 4 Stunden * 4 Portionen

1 Die Kirschen waschen und entsteinen. Den Zucker in einem Topf leicht karamellisieren. Kirschen und Orangensaft hinzufügen und aufkochen, bis die Kirschen weich sind.

2 Die Speisestärke mit dem Wasser anrühren, zu den Kirschen geben und alles nochmals aufkochen lassen. Dann auf die Gläser verteilen und kalt stellen.

3 Die Gelatine in kaltem Wasser einweichen. Die Eigelbe mit dem Puderzucker und der abgeriebenen Orangenschale in einer Schüssel über dem heißen Wasserbad cremig aufschlagen. Die Gelatine ausdrücken und in der warmen Eigelbmasse auflösen.

4 Die Sahne steif schlagen. Den Mascarpone nach und nach unter die Eigelbmasse rühren, dann die Sahne vorsichtig unterheben.

5 Die Löffelbiskuits auf den Kirschen in den Gläsern verteilen. Den Espresso mit dem Kaffeelikör verrühren und die Löffelbiskuits damit beträufeln. Die Mascarponecreme darüber verteilen und das Tiramisu 2–3 Stunden in den Kühlschrank stellen. Kurz vor dem Servieren mit Kakaopulver bestäuben. Zuletzt den Lavendelhonig leicht erwärmen und über das Tiramisu träufeln.

»Dieses **fruchtig-frische** Tiramisu ist die Krönung jedes **Sommermenüs**.«

Teig
* 75 g Hartweizengrieß
* 75 g Mehl
* 1 Ei (Größe M)
* 1 Eigelb
* 1½ TL Puderzucker
* 1 Prise Salz
* 1–2 EL Olivenöl

Füllung
* 40 g Amaretti
* 150 g Ricotta
* 50 g Puderzucker
* 10–12 Sauerkirschen
* 1 cl (10 ml) Kirschlikör
* 1 Prise Zimt
* 1 Eiweiß

Zabaglione
* 3 Eigelbe
* 125 g Zucker
* 125 ml trockener Weißwein
* 1 cl (10 ml) Kirschlikör

Kirschravioli mit Zabaglione

1 Stunde * Kühlzeit: 1 Stunde * 4 Portionen

1 Alle Teigzutaten in der Küchenmaschine oder mit dem Knethaken des Handrührgeräts verkneten. Dann mit den Händen weiterkneten, bis der Teig elastisch ist und nicht mehr klebt. In Frischhaltefolie wickeln und 1 Stunde im Kühlschrank ruhen lassen.

2 Währenddessen die Amaretti in einen Gefrierbeutel geben und sie mit dem Nudelholz fein zerbröseln. Ricotta und Puderzucker mit dem Schneebesen glatt rühren. Die Kirschen waschen, entsteinen und fein würfeln. Zusammen mit den Amarettibröseln, Likör und Zimt unter den Ricotta mischen.

3 Den Nudelteig in zwei Portionen teilen und so dünn wie möglich zu gleich großen Rechtecken ausrollen. Die Füllung in kleinen Häufchen im Abstand von 3 cm auf eine Teigplatte setzen und die Ränder mit Eiweiß bestreichen. Die zweite Teigplatte darauflegen und in den Zwischenräumen andrücken. Die Ravioli ausschneiden.

4 Für die Zabaglione in einer Schüssel über dem heißen Wasserbad mit dem Schneebesen Eigelbe und Zucker cremig rühren. Nach und nach Weißwein und Kirschlikör einrühren, bis die Creme das doppelte Volumen hat.

5 Die Ravioli in kochendem Salzwasser 4–6 Minuten ziehen lassen, bis sie an die Oberfläche steigen. Mit einem Schaumlöffel herausnehmen und mit der Zabaglione servieren.

»Eine leckere **Überraschung!**«

Rote Grütze
- 300 g Sauerkirschen
- 250 g Himbeeren
- 250 ml Sauerkirschsaft
- 1½ EL Speisestärke

Schoko-Minz-Sahne
- 3 Minze-Schokoladentäfelchen (zum Beispiel After Eight)
- 2 Minzestängel
- 200 g Sahne

Außerdem
- 4 Schälchen oder Gläser

Rote Grütze mit Minzschokolade

25 Minuten * 4 Portionen

1 Die Kirschen waschen und entsteinen. Die Himbeeren vorsichtig waschen. 5 EL Sauerkirschsaft mit der Speisestärke anrühren.

2 Den restlichen Saft in einem Topf zum Kochen bringen, die angerührte Speisestärke und das Obst unterrühren und aufkochen lassen. Auf die Schälchen verteilen und abkühlen lassen.

3 Die Minze-Schokolade fein hacken, die Minzestängel waschen, trocken schütteln und die Blätter fein hacken. Die Sahne steif schlagen, die Schokolade und Minze unterheben und auf der roten Grütze verteilen.

Tipp

Rote Grütze schmeckt auch mit Schlagsahne, Vanillesauce oder Buttermilch einfach himmlisch. Je nach Saison und Obstangebot eignen sich auch andere rote Früchte wie Johannisbeeren, Stachelbeeren oder Erdbeeren.

»Der **Sommer** ist für mich untrennbar mit **roter Grütze** verbunden.«

Früchte
* 500 g Sauerkirschen
* 125 ml Wasser
* 2 EL Speisestärke
* 125 ml Sauerkirschsaft
* 5 EL Zucker

Creme
* 200 g Sahne
* 350 g Magerquark
* 80 ml Eierlikör
* 2 Päckchen Vanillezucker
* 30 g dunkle Schokolade (mindestens 70 % Kakaogehalt)

Außerdem
* 4 Dessertschälchen

Vanille-Eierlikör-Creme

15 Minuten * Abkühlzeit: 1 Stunde * 4 Portionen

1 Die Kirschen waschen, entsteinen und so lange im Wasser kochen, bis sie weich sind. Den Sud abgießen, 4 EL davon auffangen und mit der Speisestärke glatt rühren.

2 Den Sauerkirschsaft aufkochen, die angerührte Speisestärke einrühren und nochmals kurz aufkochen. Die Kirschen und 3 EL Zucker zufügen und abkühlen lassen.

3 Die Sahne steif schlagen. Den Quark mit Eierlikör, Vanillezucker und dem restlichen Zucker in eine Schüssel geben und gut verrühren. Die Sahne vorsichtig unterheben.

4 Die Quark-Eierlikör-Creme und das abgekühlte Kirschkompott abwechselnd in die Schälchen schichten. Mit der Creme abschließen. Für 1 Stunde in den Kühlschrank stellen. Vor dem Servieren die Schokolade fein reiben und auf die Creme streuen.

Tipp

Mit einigen Tropfen Eierlikör farbliche Akzente auf der Creme setzen.

»**Cremig, fruchtig, süß** –
eine unwiderstehliche Versuchung!«

Tipp

Im französischen Originalrezept werden die Kirschen nicht entsteint. Das hat den Vorteil, dass sie nicht so viel Saft abgeben, aber den Nachteil, dass man die Steine ausspucken muss.

Kirsch-Clafoutis

25 Minuten * Backzeit: 35 Minuten * 6 Portionen

1 Den Backofen auf 200 °C (Umluft 185 °C) vorheizen. Die Kirschen waschen und entsteinen. Die Förmchen buttern und die Kirschen darin verteilen.

2 Die Vanilleschote längs aufschlitzen und das Mark auskratzen. Die Eier mit Puderzucker, Vanillemark und Salz schaumig schlagen. Die Milch unterrühren, dann das Mehl darüber sieben und unterrühren.

3 Den Teig über den Kirschen verteilen und im Backofen 30–35 Minuten backen. Herausnehmen, etwas abkühlen lassen und noch warm mit Zimt und Zucker bestreuen.

- 500 g Süßkirschen
- Butter für die Förmchen
- ½ Vanilleschote
- 4 Eier
- 1 EL Puderzucker
- 1 Prise Salz
- 125 ml Milch
- 60 g Mehl
- Zimt und Zucker zum Bestreuen

Außerdem

- 6 kleine ofenfeste Porzellanförmchen, Tassen oder ein Muffinblech

Hefeteig
- 400 g Mehl
- 2 Päckchen Trockenhefe
- 125 g Zucker
- 200 ml lauwarme Milch
- 1 Prise Salz
- 1 Ei
- 50 g Butter und etwas für das Blech

Belag
- 1 kg Sauerkirschen
- 70 g Zucker
- 1 EL Mehl
- 150 g Crème fraîche
- 200 g ungesüßte Kokosmilch
- 1 Päckchen Vanille-Puddingpulver
- 100 g weiche Butter
- 1 Ei
- 100 g Kokosraspel

Kokos-Kirsch-Kuchen

30 Minuten * Geh- und Backzeit: 2 Stunden * 1 Blech

1. Das Mehl in eine große Schüssel geben, in die Mitte eine Mulde drücken. Die Hefe mit 1 EL Zucker und 4 EL der lauwarmen Milch in die Mulde geben und mit etwas Mehl vom Rand verrühren. 10–15 Minuten gehen lassen, bis die Hefe Blasen wirft. Dann mit der restlichen Milch, Zucker, Salz, 1 Ei und 50 g weicher Butter mit den Knethaken des Rührgeräts zu einem glatten Teig verkneten.
2. Den Teig auf der bemehlten Arbeitsfläche nochmals mit den Händen kräftig durchkneten, bis er schön glänzt, glatt und elastisch ist. Abgedeckt an einem warmen Ort nochmals 1 Stunde gehen lassen, bis er sein Volumen verdoppelt hat.
3. Die Kirschen waschen und entsteinen. Mit 50 g Zucker und 1 EL Mehl vermischen.
4. Das Backblech buttern. Den Teig ausrollen, auf das Backblech legen und mit einem Tuch abgedeckt nochmals 15 Minuten gehen lassen.
5. Währenddessen den Backofen auf 200 °C (Umluft 185 °C) vorheizen. Crème fraîche, Kokosmilch, restlichen Zucker, Puddingpulver, Butter und das Ei verrühren.
6. Die Kirschen gleichmäßig auf dem Teigboden verteilen, mit der Kokoscreme übergießen und den Kokosraspeln bestreuen. Den Kuchen 30 Minuten backen. Herausnehmen und abkühlen lassen.

Tipp

Grüne, glatte Stiele weisen darauf hin, dass die Kirschen frisch sind. Am besten halten sie sich ungewaschen im Kühlschrank.

* 500 g Sauerkirschen
* 3 Eier
* 1 Prise Salz
* 100 g Roh-Rohrzucker
* 1 Päckchen Vanillezucker
* ½ TL Zimt
* 250 g Ricotta
* 100 g Magerquark
* 90 g Vollkorngrieß
* 2 TL Puderzucker

Außerdem

* Springform (Ø 20 cm)
* Backpapier

Ricotta-Quark-Kirschkuchen

20 Minuten * Backzeit: 45 Minuten * 8 Stücke

1 Den Backofen auf 190 °C (Umluft 175 °C) vorheizen. Die Kirschen waschen und entsteinen.

2 Die Eier mit Salz, Zucker und 1 EL heißem Wasser etwa 3 Minuten cremig aufschlagen. Vanillezucker und Zimt unter die Eicreme mischen. Ricotta, Quark und Vollkorngrieß unterrühren. Die Kirschen unterheben.

3 Die Springform mit Backpapier auslegen, die Kirsch-Quark-Masse einfüllen und glatt streichen. Im Backofen etwa 45 Minuten backen.

4 Den Kuchen herausnehmen und auf einem Kuchengitter 10 Minuten abkühlen lassen. Den Springformrand entfernen und den Kuchen vollständig abkühlen lassen. Vor dem Servieren mit Puderzucker bestäuben.

Tipp

Wer es noch saftiger mag, serviert eine Vanille- oder Karamellsauce dazu – toll auch als Dessert!

»Mit diesem **saftigen Kuchen** ist sehr gut Kirschen essen!«

Crumble
- 125 g Mehl
- 60 g Butter
- 60 g Zucker
- 2 EL Kakaopulver
- 1 Prise Salz

Kirschen
- 400 g Süßkirschen
- 250 ml Kirschsaft
- 1 TL Speisestärke
- 1 EL Zucker

Mascaponesahne
- 400 ml Sahne
- 50 g Zucker
- 2–3 EL Kirschgeist
- 100 g Mascarpone

Außerdem
- 4 Gläser

Schwarzwälder Kirsch-Crumble

25 Minuten * Backzeit: 20 Minuten * 4 Portionen

1 Den Backofen auf 175 °C (Umluft 160 °C) vorheizen. Mehl, Butter, 60 g Zucker, Kakao und Salz verkneten. Ein Backblech mit Backpapier auslegen, den Teig mit den Händen zerkrümeln, verteilen und etwa 20 Minuten backen. Herausnehmen und abkühlen lassen.

2 Die Kirschen waschen und entsteinen. Den Kirschsaft in einem Topf aufkochen. Die Speisestärke mit 3 EL kaltem Wasser anrühren, zusammen mit 1 EL Zucker unter den Saft rühren und nochmals aufkochen. Dann die Kirschen dazugeben. Alles etwas abkühlen lassen und auf die Gläser verteilen.

3 Die Sahne mit dem Zucker steif schlagen und mit dem Kirschgeist unter den Mascarpone heben. Die Mascarponesahne auf den Kirschen verteilen und mit Crumble bestreuen.

Tipp

Es geht auch noch einfacher: Statt die Crumble zu backen, kann man auch ein paar Schokoladen-Cookies über der Mascarponesahne zerbröseln.

»Die **Schwarzwälder Kirschtorte** einmal **anders!**«

»Noch **schneller geht's** mit Kirschen aus dem Glas.«

- 150 g Sauerkirschen
- 300 g Vanillejoghurt
- 2 Eier (Größe M)
- 150 g Roh-Rohrzucker
- 150 g Mehl
- 150 g Vollkorn-Weizenmehl
- 2 TL Backpulver
- 50 g Cashewkerne

Außerdem

- 12 Muffin-Papierförmchen
- Muffinblech

Kirsch-Cashew-Muffins

15 Minuten * Backzeit: 30 Minuten * 12 Muffins

1 Die Kirschen waschen und entsteinen. Den Backofen auf 180 °C (Umluft 165 °C) vorheizen.

2 Joghurt, Eier und Zucker in einer Schüssel glatt rühren. Mehl und Vollkornmehl mit Backpulver mischen, dazusieben und unterrühren.

3 Die Cashewkerne grob hacken. Zusammen mit den Kirschen in den Teig rühren und auf die Papierförmchen verteilen.

4 Die gefüllten Papierförmchen in die Mulden eines Muffinblechs setzen und im Backofen etwa 30 Minuten backen, auf einem Backrost abkühlen lassen.

Tipp

Jeder hat seine Nussfavoriten, bei mir sind es die Cashewkerne. Man kann natürlich auch Hasel-, Wal- oder Pekannüsse nehmen.

Senffrüchte

35 Minuten * Ziehzeit: 3 Tage * 500 g

1 Wein und Senfpulver mit einer Gabel verquirlen. Pfirsiche und Kirschen waschen und entsteinen. Die Pfirsiche halbieren oder vierteln.

2 Die Früchte mit Zucker, Salz, Orangensaft und -schale in einem Topf bei mittlerer Temperatur erhitzen. Die Wein-Senf-Mischung einrühren und 20 Minuten köcheln. Dann abkühlen lassen. Die Früchte in Gläser füllen und fest verschließen. Vor dem Genuss 3 Tage im Kühlschrank durchziehen lassen. Verschlossen sind die Senffrüchte einige Wochen haltbar. Sie passen wunderbar zu Fleisch und Fisch oder zu Brot und Käse als Vorspeise. In der italienischen Küche werden sie auch als Füllung für Pasta verwendet.

* 75 ml trockener Weißwein
* 50 g Senfpulver (Gewürzhandel oder Apotheke)
* 500 g kleine Pfirsiche
* 200 g Süßkirschen
* 75 g Zucker
* 1 TL grobes Salz
* Saft und abgeriebene Schale ½ Bio-Orange

Außerdem

* 2 Schraubdeckelgläser à 250 g

- Olivenöl für den Grillrost
- 300 g Süßkirschen
- ½ kleine rote Zwiebel
- ½ Bund frischer Koriander
- 1 rote Chilischote
- 1 EL Limettensaft
- grobes Salz
- frisch gemahlener schwarzer Pfeffer
- ½ TL gemahlener Koriander
- 4 Tilapiafilets (à 150 g)
- 1 EL Olivenöl

Gegrillter Fisch mit Kirschsalsa

20 Minuten * 4 Portionen

1. Den Grill stark erhitzen und den Grillrost mit Öl einpinseln.
2. Die Kirschen waschen und entsteinen, die Zwiebel schälen und hacken, den Koriander waschen und fein hacken und die Chilischote waschen, entkernen und fein schneiden. Alles mit dem Limettensaft in einer Schüssel vermischen. Mit Salz und Pfeffer abschmecken, zu einer Salsa verquirlen und beiseite stellen.
3. Gemahlenen Koriander, 1 TL Salz und ¼ TL Pfeffer vermischen. Die Fischfilets beidseitig mit Öl einreiben und mit der Gewürzmischung bestreuen.
4. Die Fischfilets auf den Grill legen und von beiden Seiten jeweils 2–3 Minuten grillen, bis der Fisch ganz glasig ist. Mit der Kirschsalsa servieren.

Tipp

Salsa muss würzig und darf ruhig richtig scharf sein. Beim Chilischneiden besser Handschuhe tragen, denn die Schärfe hält sich trotz Waschen einige Zeit an den Fingern.

»Dieses Gericht ist **leicht**, gesund und **sommerlich**. Einfach **perfekt**!«

- Saft 1 kleinen Orange
- 4 EL Olivenöl
- 1 EL flüssiger Honig
- 1 Knoblauchzehe
- 1 TL getrockneter Oregano
- 8 Lammkoteletts (à 125 g)
- 500 g Sauerkirschen
- 1 Zwiebel
- 1 Stück (ca. 2 cm) Ingwerwurzel
- 2 TL Butter
- 1 TL Roh-Rohrzucker
- 100 ml Rinderbrühe
- 100 ml Rotwein
- Salz
- frisch gemahlener schwarzer Pfeffer
- ½ TL gemahlener Koriander
- Öl zum Braten

Lammkoteletts mit Kirsch-Ingwer-Sauce

45 Minuten * Ziehzeit: 3 Stunden * 4 Portionen

1 Orangensaft, Öl und Honig in einer kleinen Schüssel gründlich verrühren. Knoblauch durchpressen und zusammen mit dem Oregano unterrühren.

2 Den Fettrand von den Lammkoteletts abschneiden, das Fleisch waschen und trocken tupfen. Auf beiden Seiten mit der Orangen-Öl-Marinade bestreichen und 2–3 Stunden abgedeckt bei Zimmertemperatur marinieren.

3 Währenddessen die Kirschen waschen und entsteinen. Zwiebel und Ingwer schälen und fein würfeln. Die Butter in einem Topf zerlassen. Zwiebel und Ingwer darin andünsten, mit Zucker bestreuen und etwas karamellisieren lassen.

4 Gut zwei Drittel der Kirschen, Brühe und Wein zugeben. Mit etwas Salz, Pfeffer und der Hälfte des Korianders würzen. Alles bei schwacher Hitze im offenen Topf etwa 10 Minuten köcheln lassen, dann mit dem Pürierstab pürieren.

5 In einer Pfanne etwas Öl erhitzen. Die Lammkoteletts abtropfen lassen und von jeder Seite 2–3 Minuten scharf anbraten, danach die Hitze reduzieren und sanft fertig garen. Salzen und pfeffern.

6 Die übrigen Kirschen mit der Kirschsauce mischen und erhitzen. Mit Salz, Pfeffer und dem restlichen Koriander abschmecken und zu den Lammkoteletts servieren.

Tipp

Hierzu passt am besten ein frisches Baguette.

* 1 kg Sauerkirschen
* 2 Zweige Rosmarin
* ½ unbehandelte Limette
* 200 ml Rotweinessig
* 150 ml Orangensaft
* 2 EL grüne Pfefferkörner
* 1 EL schwarze Pfefferkörner
* 1 EL rote Pfefferkörner
* 1 Prise Salz
* 1 Zimtstange
* 2 Nelken
* 500 g Gelierzucker (1:1)

Außerdem

* 4 Schraubdeckelgläser à 250 g

Rosmarinkirschen mit buntem Pfeffer

30 Minuten * Ziehzeit: 3 Wochen * 1 Kilogramm

1. Die Kirschen waschen und entsteinen. Die Rosmarinblättchen abzupfen und fein hacken. Die Limettenschale dünn abschälen.
2. Den Rosmarin und die Limettenschale mit Essig, Orangensaft, Pfefferkörnern, Salz, Zimtstange, Nelken und Gelierzucker in einem Topf aufkochen und etwa 3 Minuten bei starker Hitze unter Rühren kochen.
3. Die Kirschen zugeben und alles etwa 1 Minute kochen lassen, nochmals mit Salz abschmecken. Limettenschale, Zimtstange und Nelken herausnehmen, die Kirschen sofort in die Schraubdeckelgläser geben und verschließen. Die Gläser 10 Minuten über Kopf abkühlen lassen, wieder umdrehen und vollständig abkühlen lassen. Mindestens 3 Wochen durchziehen lassen.

Tipp

Diese würzigen Kirschen schmecken als Beilage zu dunklem Fleisch oder Käse.

Apri

kose

Samthaut
frisch & süß
von zartgelb bis lachsrosa
neuer Chutneystar
Eingemachtes, das anmacht

- 1 kg Aprikosen
- 6 Blatt Gelatine
- 10 Scheiben Zwieback
- 50 g Mandelkrokant
- 100 g weiche Butter
- 400 g Milchreis (fertig zubereitet aus dem Kühlregal)
- 150 g Crème fraîche
- 80 g Zucker
- Saft und abgeriebene Schale 1 Bio-Zitrone
- 350 g Sahne
- 1 Päckchen Vanillezucker
- 200 g Gelierzucker (1:1)
- 2 Zweige Minze

Außerdem

- Springform (Ø 26 cm)
- Backpapier

Milchreis-Aprikosen-Torte

25 Minuten * Kühlzeit: 4 Stunden * 12 Stücke

1 Die Aprikosen mit heißem Wasser überbrühen, häuten und entsteinen. Die Gelatine in kaltem Wasser einweichen. Zwieback und Mandelkrokant zusammen im Mixer fein zerbröseln und mit der Butter verkneten. Den Boden einer Springform mit Backpapier auslegen. Die Bröselmasse gleichmäßig aufstreichen und andrücken.

2 Die aufgeweichte Gelatine mit 3 EL Milchreis verrühren und unter den restlichen Milchreis rühren. Crème fraîche, Zucker, Zitronensaft und -schale unterheben. Die Sahne mit dem Vanillezucker steif schlagen und unterheben.

3 Die Hälfte der Milchreis-Creme auf dem Bröselboden verteilen. Zwei Drittel der Aprikosen daraufgeben, die restliche Creme darüber verteilen, glatt streichen und 3–4 Stunden in den Kühlschrank stellen.

4 Die restlichen Aprikosen in Spalten schneiden, mit Gelierzucker mischen und in einem Topf unter Rühren 2–3 Minuten kochen. Abkühlen lassen und auf der Torte verteilen. Zuletzt die Minzeblättchen abzupfen und die Torte damit dekorieren.

»Herbes **Kaffeearoma** und **süße Aprikosen** bilden hier ein **kulinarisches Traumpaar.**«

- 100 g Mehl
- 3 EL Kakaopulver und etwas zum Bestäuben
- 2 TL Backpulver
- 4 Eier
- 175 g Zucker
- 4 EL Wasser
- 125 ml extra starker Kaffee
- 100 ml Marsala
- 3 Päckchen Vanillezucker
- 700 g Aprikosen
- 250 g Magerquark
- 150 g Sahne
- 1 Päckchen Sahnesteif
- 2 EL Aprikosenkonfitüre

Außerdem

- Backform (24 x 24 cm)
- Backpapier

Aprikosen-Kaffee-Schnitten

50 Minuten * Backzeit: 25 Minuten * 16 Stücke

1 Den Backofen auf 175 °C (Umluft 160 °C) vorheizen. Mehl, Kakao und Backpulver mischen. Die Eier mit 150 g Zucker und Wasser in einer Schüssel mindestens 8 Minuten schaumig schlagen. Die Mehl-Kakao-Mischung darüber sieben und vorsichtig unterheben.

2 Den Boden der Backform mit Backpapier auslegen und den Teig einfüllen. Im Ofen etwa 25 Minuten backen.

3 Kaffee, Marsala und 1 Päckchen Vanillezucker verrühren. Den Biskuitboden nach dem Backen sofort mehrmals mit einer Gabel einstechen und die Kaffeemischung darauf verteilen. Auf einem Backrost abkühlen lassen.

4 Die Aprikosen waschen und entsteinen. 4 Aprikosenhälften in dünne Spalten schneiden und abgedeckt beiseite stellen. Die restlichen Aprikosen in kleine Stücke schneiden und den getränkten Biskuitboden damit belegen.

5 Den Quark mit dem restlichen Zucker und Vanillezucker verrühren. Sahne mit Sahnesteif steif schlagen und unter den Quark heben. Die Quarkmasse auf die Aprikosen streichen und den Kuchen mit einem scharfen Messer in Würfel mit etwa 6 cm Kantenlänge schneiden.

6 Die Aprikosenkonfitüre mit 1 EL heißem Wasser glatt rühren und auf die Kuchenschnitten träufeln. Zuletzt mit Kakao bestäuben und mit den Aprikosenspalten verzieren.

Teig
- 350 g Mehl und etwas für die Arbeitsfläche
- 75 g Zucker
- 70 ml Olivenöl und etwas für die Form
- 1 Ei (Größe M)
- 75 ml Wasser

Füllung
- 150 g Zucker
- 1 TL gemahlene Vanille
- 400 g geschälte Mandeln
- 250 ml Milch
- 300 g Aprikosen
- 2 EL Dessertwein (z. B. Marsala)

Außerdem
- Springform (Ø 28 cm)

Aprikosen-Mandel-Tarte

35 Minuten * Backzeit: 50 Minuten * 12 Stücke

1 Mehl mit Zucker, Öl, Ei und Wasser zu einem glatten Teig verkneten. Den Teig halbieren und jede Hälfte auf der bemehlten Arbeitsfläche zu einer runden Platte (Ø 30 cm) ausrollen. Mit einem Tuch abdecken und 20 Minuten ruhen lassen.

2 Den Backofen auf 180 °C (Umluft 165 °C) vorheizen. Für die Füllung Zucker, Vanille, Mandeln und Milch mit dem Pürierstab fein pürieren. Die Aprikosen waschen, entsteinen und würfeln. Unter die Mandelmasse heben.

3 Eine der Teigplatten in die geölte Springform legen und den Rand etwa 2 cm hoch andrücken. Die Mandel-Aprikosen-Masse daraufgeben und glatt streichen. Mit der zweiten Teigplatte abdecken und diese mehrmals mit einer Gabel einstechen.

4 Die Tarte 30 Minuten backen. Dann den restlichen Zucker mit dem Dessertwein verrühren, auf die Torte streichen und weitere 20 Minuten backen.

Tipp

Der Dessertwein lässt sich auch durch einen hellen Fruchtnektar zum Beispiel aus Aprikosen oder Pfirsichen ersetzen.

- 2 Bio-Orangen
- 1,2 kg Aprikosen
- 9 Eier
- 225 g Zucker
- Salz
- 150 ml neutrales Pflanzenöl
- 225 g Mehl
- 4 TL Backpulver
- 75 g gemahlene Mandeln
- 500 g Sahnejoghurt
- 200 g Schmand
- 100 g Aprikosenkonfitüre
- 25 g gehackte Pistazien

Außerdem

- Backblech mit hohem Rand
- Backpapier

Joghurt-Aprikosen-Blechkuchen

1 Stunde * 20 Stücke

1 Den Backofen auf 200 °C (Umluft 185 °C) vorheizen. Von 1 Orange die Schale abreiben, aus beiden Früchten 175 ml Saft auspressen. Die Aprikosen waschen, halbieren und entsteinen.

2 3 Eier, 150 g Zucker und 1 Prise Salz in einer Schüssel mindestens 10 Minuten dickcremig aufschlagen. Das Öl und 100 ml Orangensaft nach und nach unter Rühren zugeben.

3 Mehl, Backpulver und gemahlene Mandeln mischen, mit 50 g Joghurt kurz unter die Ei-Zucker-Masse rühren. Auf das mit Backpapier belegte Backblech streichen und im Ofen 15 Minuten backen.

4 Restliche Eier, Joghurt, Schmand, 75 g Zucker, abgeriebene Orangenschale und 75 ml Orangensaft verrühren. Die Joghurtcreme auf dem leicht abgekühlten Kuchen verteilen und die Aprikosen daraufsetzen. Dann nochmals 25–30 Minuten backen, bis der Guss fest ist.

5 Die Aprikosenkonfitüre in einem Topf erwärmen, auf den noch heißen Kuchen streichen und abkühlen lassen. Zuletzt die gehackten Pistazien aufstreuen.

Tipp

Statt der Pistatzien können Sie auch gehackte Mandeln aufstreuen.

»**Samen der Sonne**,
so nannte man im antiken Persien
und Armenien die **Aprikosen**.«

- 250 g Magerquark
- 6 kleine Aprikosen
- 6 Stück Würfelzucker
- 2 EL weiche Butter
- 1 Eigelb
- 75 g Grieß
- 1–2 EL Vanillezucker
- 1 Prise Salz
- 1 TL abgeriebene Schale 1 Bio-Zitrone
- 50 g Mehl und etwas zum Formen der Klöße
- 100 g Semmelbrösel
- 50 g Butter
- 3 EL Zucker
- ½ TL Zimt

Marillenknödel mit Zimtbutter

40 Minuten * 6 Stück

1. Den Quark mindestens 15 Minuten in einem Sieb abtropfen lassen. Die Aprikosen waschen, entlang der Naht zur Hälfte aufschneiden, entsteinen und mit je 1 Würfelzucker füllen.
2. In einem großen Topf gut gesalzenes Wasser zum Kochen bringen. Dann auf mittlere Hitze reduzieren, damit es sanft siedet.
3. Den Quark mit Butter, Eigelb, Grieß, Vanillezucker, Salz und der Zitronenschale mit dem Schneebesen verrühren. Zuletzt das Mehl zugeben und so lange mischen, bis sich ein Teig formen lässt. Nach Bedarf noch etwas Mehl zugeben.
4. Den Teig zu einer Rolle formen und in 6 gleich große Stücke schneiden. Jedes Teigstück mit bemehlten Händen zu einer dünnen Scheibe formen, eine Aprikose einlegen und einen Knödel formen.
5. Die Knödel 12–14 Minuten im siedenden Wasser ziehen lassen, dabei immer wieder vorsichtig umrühren, damit sie nicht am Boden kleben bleiben.
6. Währenddessen die Butter bei mittlerer Hitze in einer Pfanne aufschäumen, die Semmelbrösel darin anrösten, mit Zucker und Zimt würzen.
7. Die Knödel mit einem Schaumlöffel aus dem Kochwasser nehmen, abtropfen lassen und in der heißen Semmelbrösel-Zimtbutter wenden.

- 1½ säuerliche Äpfel
- 3–4 Aprikosen
- 2 EL Honig
- ½ TL gemahlene Vanille
- 200 ml Apfelsaft
- Saft 1 kleinen Zitrone
- 1½ EL Aprikosenkonfitüre
- 100 g Walnusskerne
- 3 EL Zucker
- 300 g Sahnejoghurt

Außerdem

- 4 Schälchen

Aprikosen-Apfel-Joghurt

45 Minuten * 4 Portionen

1 Die Äpfel schälen, entkernen und grob würfeln, die Aprikosen waschen, entsteinen und vierteln. In einem Topf den Honig erhitzen und die Äpfel darin weich dünsten. Anschließend Aprikosen, Vanille, Apfelsaft und Zitronensaft zugeben.

2 Alles zusammen 20–30 Minuten köcheln, dann abkühlen lassen und die Aprikosenkonfitüre unterrühren.

3 Die Walnüsse grob hacken. Den Zucker in einer Pfanne karamellisieren lassen und die Walnüsse einrühren. Auf einem Backpapier verteilen, abkühlen lassen und mit einem Messer nochmals zerkleinern.

4 Den Joghurt auf die Schälchen verteilen, das Kompott daraufgeben und mit dem Walnuss-Karamell garnieren.

Tipp

Die karamellisierten Walnüsse lassen sich gut auf Vorrat als Highlight auf vielen Obstdesserts zubereiten und in einem Schraubdeckelglas bis zu zwei Wochen aufbewahren.

Tipp

Die Sahne schmilzt leicht, wenn sie auf den warmen Aprikosen verteilt wird. Das macht sie nur noch köstlicher. Wer zerfließende Sahne optisch nicht mag, lässt die Früchte einfach ein wenig länger abkühlen.

Gebackene Aprikosen

10 Minuten * Backzeit: 30 Minuten * 8 Stück

1. Den Backofen auf 190 °C (Umluft 175 °C) vorheizen. Die Aprikosen waschen, halbieren, entsteinen und mit der Schnittfläche nach oben in die Auflaufform legen. Die Amaretti in einen Gefrierbeutel geben und mit einem Nudelholz fein zermahlen. Mit Butter, Brandy und Eigelb vermischen.
2. Jeweils 1 TL der Keksmischung in die Mulden der Aprikosenhälften füllen und 25–35 Minuten im Ofen backen, je nach Reife und Größe der Aprikosen.
3. Die Sahne steif schlagen und auf den noch warmen Aprikosen verteilen.

- 4 Aprikosen
- 8 Amaretti
- 1 EL Butter
- 1 EL Brandy
- 1 Eigelb
- 200 g Sahne

Außerdem

- Auflaufform

- 100 g Amaretti
- 400 g Aprikosen
- 10 EL feiner Zucker
- 75 g dunkle Schokolade (mindestens 70 % Kakaogehalt)
- 500 g Magerquark
- 200 g Sahne

Außerdem

- 4 Gläser

Schichtdessert mit Karamell-Aprikosen

15 Minuten * 4 Portionen

1 Die Amaretti in einen Frischhaltebeutel geben und mit einem Nudelholz grob zerkleinern. Die Aprikosen waschen, entsteinen und halbieren.

2 Den Zucker langsam in einer Pfanne erhitzen, die Aprikosen zugeben, leicht karamellisieren, dann abkühlen lassen.

3 Die Schokolade grob hacken, mit dem Quark und restlichen Zucker verrühren. Die Sahne steif schlagen, unter den Quark ziehen und mit den Aprikosen und Amarettibröseln schichtweise in die Gläser füllen.

»In Shakespeares **›Sommernachtstraum‹** findet die **aphrodisierende Wirkung** der Aprikose sogar in der Weltliteratur Erwähnung.«

»Was wäre ein **Sommer** ohne Eis?«

* 500 g Aprikosen
* 130 g Zucker
* 1 Prise Salz
* 1 Spritzer Zitronensaft
* 275 ml Buttermilch

Buttermilch-Aprikosen-Eis

30 Minuten * Zieh- und Kühlzeit: 6 Stunden * 4 Portionen

1 Die Aprikosen waschen, die Haut abziehen, den Stein entfernen und das Fruchtfleisch in grobe Stücke schneiden. Dann zusammen mit dem Zucker, dem Salz und dem Zitronensaft 3–4 Stunden ziehen lassen, dadurch tritt Saft aus den Aprikosen aus.

2 Zubereitung mit Eismaschine: Wenn sich der Zucker komplett aufgelöst hat und genug Saft entstanden ist, die Masse gut pürieren. Dann mit der Buttermilch verrühren, in die Eismaschine geben und mehrere Stunden kühlen.

3 Zubereitung ohne Eismaschine: Die Masse in eine ausreichend große Schüssel geben und im Gefrierfach etwa 1½ Stunden gefrieren lassen. Wenn das Eis schon angefroren ist, mit einem Schneebesen kräftig verrühren und dabei Luft unterarbeiten. Etwa alle 20 Minuten wiederholen, bis das Eis gut durchgefroren ist.

Tipp

Sehr reife Aprikosen lassen sich gut schälen. Weniger reife mit kochendem Wasser überbrühen und etwa 1 Minute im Wasser liegen lassen, dann lässt sich die Haut ebenfalls gut lösen.

Aprikosen-Bananen-Konfitüre

20 Minuten ✴ 2 Kilogramm

1 Aprikosen und Bananen fein würfeln. Zusammen mit dem Zitronensaft in einem großen Topf mit dem Gelierzucker gut verrühren.

2 Unter Rühren bei starker Hitze zum Kochen bringen und unter ständigem Rühren mindestens 3 Minuten sprudelnd kochen lassen.

3 Den Schaum abschöpfen und die Schraubdeckelgläser sofort randvoll mit der Konfitüre füllen. Gläser verschließen, umdrehen und etwa 5 Minuten auf dem Deckel stehen lassen.

- 1 kg Aprikosen (ohne Steine)
- 500 g Bananen (ohne Schale)
- Saft ½ Zitrone
- 1 kg Gelierzucker (2:1)

Außerdem

- 10 Schraubdeckelgläser à 200 g

Tipp

100 g Mandelblättchen ohne Fett rösten und vor dem Einfüllen in die Gläser in die Konfitüre rühren.

- 250 g Aprikosen
- ½ kleine Zwiebel
- 2 EL Olivenöl
- 100 g Zucker
- 75 g Honig
- 50 g Rosinen
- 50 ml Weißweinessig

Außerdem

- 2 Schraubdeckelgläser à 200 g

Aprikosen-Rosinen-Chutney

25 Minuten * 400 g

1 Die Aprikosen mit heißem Wasser überbrühen, schälen, entsteinen und vierteln. Die Zwiebel schälen und fein hacken.

2 Das Öl in einem mittelgroßen Topf stark erhitzen. Die Zwiebeln unter gelegentlichem Rühren etwa 4 Minuten darin rösten.

3 Aprikosen, Zucker, Honig, Rosinen und Essig zugeben und unter Rühren bei mittlerer Hitze etwa 15 Minuten köcheln lassen, bis die Masse eingedickt ist. Das heiße Chutney sofort in die Schraubdeckelgläser füllen, abkühlen lassen und im Kühlschrank aufbewahren.

Tipp

Das Chutney hält sich im Kühlschrank mehrere Wochen. Es passt sehr gut zu hellem Fleisch wie Hühnchen und Pute, ist aber auch zu Käse ein Genuss.

»**Süße Früchte**, etwas Säure
und eine pikante Würze –
die **Geschmacksvielfalt**
macht ein Chutney aus.«

- 200 g Sahne
- 400 ml Milch
- 100 g Kokosraspel
- 1 kg Kürbis (ohne Schale)
- 1 Zwiebel
- 1 rote Chilischote
- 1 Bio-Zitrone
- 600 g Rindergeschnetzeltes aus der Hüfte
- ½ TL Kreuzkümmel
- 6 EL neutrales Pflanzenöl
- Salz
- frisch gemahlener schwarzer Pfeffer
- 1 EL mildes Currypulver
- 400 g Aprikosen
- einige Stängel Koriander

Aprikosen-Rindercurry

50 Minuten * 4 Portionen

1 Sahne, Milch und Kokosraspel in einem Topf unter Rühren aufkochen und zugedeckt auf der abgeschalteten Herdplatte ziehen lassen.

2 Währenddessen den Kürbis und die Zwiebel in nicht zu kleine Würfel schneiden. Die Chilischote längs halbieren, die Kerne entfernen und das Fruchtfleisch sehr fein würfeln. Von der Zitrone die Schale dünn abschälen und klein schneiden, den Saft auspressen.

3 Das Rindergeschnetzelte mit Kreuzkümmel würzen. 4 EL Öl in einer großen Pfanne erhitzen. Das Fleisch darin portionsweise jeweils etwa 10 Minuten braten. Salzen, pfeffern und beiseite stellen.

4 Das restliche Öl erhitzen. Zwiebel- und Kürbiswürfel sowie Chili zugeben und 3 Minuten braten. Curry, Zitronenschale und -saft zugeben, salzen und pfeffern. Die Kokossahne durch ein Sieb zugeben. Dann das Fleisch zufügen, alles zusammen aufkochen und zugedeckt bei schwacher Hitze 15–20 Minuten schmoren.

5 Die Aprikosen waschen, entsteinen und vierteln. Den dabei entstehenden Saft auffangen. Den Koriander fein hacken. Die Aprikosen mit ihrem Saft unter das Kürbis-Curry rühren und nochmals erhitzen. Zuletzt mit dem gehacktem Koriander bestreuen.

Tipp

Dazu passt ein asiatischer Duft- oder Jasminreis.

»Woran liegt es bloß,
dass der **Genuss** von diesem Curry
ein **wohliges Glücksgefühl** auslöst?«

Marinade
- 2 Knoblauchzehen
- 200 ml neutrales Pflanzenöl
- 2 EL grob geschroteter, bunter Pfeffer
- 1 Prise Cayennepfeffer
- 2 TL Currypulver

Fleisch
- 4 Schweinesteaks (à 200 g)
- 2 EL Butter

Aprikosensauce
- 400 g Aprikosen
- 3 Lauchzwiebeln
- 100 ml Rinderbrühe
- schwarzer Pfeffer
- Knoblauchgranulat
- Cayennepfeffer
- Curry
- Salz
- Zucker

Schweinesteaks mit Aprikosensauce

40 Minuten * Marinierzeit: 2 Stunden * 4 Portionen

1 Den Knoblauch schälen und fein hacken. Mit Öl, Pfeffer, Cayennepfeffer und Curry zu einer Marinade verrühren. Die Steaks darin einlegen und mindestens 2 Stunden im Kühlschrank ziehen lassen.

2 Die Steaks aus der Marinade nehmen. Die Butter in einer Pfanne mit ein wenig von der Marinade erhitzen und die Steaks darin von jeder Seite 3–4 Minuten braten. Aus der Pfanne nehmen und warm stellen.

3 Die Aprikosen waschen, entsteinen und vierteln, die Lauchzwiebeln waschen und in Ringe schneiden. Beides in dem Bratenfond andünsten, mit der Brühe ablöschen und etwa 10 Minuten köcheln lassen. Mit schwarzem Pfeffer, Knoblauchgranulat, Cayennepfeffer, Curry, Salz und etwas Zucker abschmecken. Die Aprikosensauce heiß zu den Steaks servieren.

Tipp

Zu dieser leckeren Mahlzeit serviert man am besten knuspriges Baguette.

- 1½ kg Aprikosen
- 6 Wacholderbeeren
- 5 Nelken
- 2 getrocknete Chilischoten
- 2 Lorbeerblätter
- 500 ml trockener Weißwein
- 100 g Zucker
- 250 ml Weißweinessig

Außerdem

- Fettpfanne
- 8 Schraubdeckelgläser à 250 g

Süßsauer eingelegte Gewürzaprikosen

20 Minuten * Einkochzeit: 40 Minuten * 2 Kilogramm

1 Den Backofen auf 200 °C (Umluft 185 °C) vorheizen. Die gewaschenen Aprikosen mit ½ l kochendem Wasser überbrühen und das Abtropfwasser auffangen. Die Früchte leicht abkühlen lassen, die Haut entfernen, das Fruchtfleisch halbieren und entsteinen.

2 Die Aprikosenhälften in die Gläser geben, die Gläser aber nur bis zur Hälfte füllen.

3 Wacholderbeeren, Nelken und Chilischoten sehr grob im Mörser zerstoßen, die Lorbeerblätter in kleine Stücke reißen.

4 400 ml des aufgefangenen Abtropfwassers mit Weißwein, Zucker, Essig und den zerstoßenen Gewürzen in einem Topf aufkochen. Den heißen Sud über die Aprikosen bis ein Finger breit unter dem Rand in die Gläser gießen.

5 Die Gläser sofort verschließen. Die Fettpfanne etwa 2 cm hoch mit Wasser füllen. Die Gläser in die Fettpfanne stellen und 40 Minuten im Ofen einkochen. Bis zum Abkühlen im Ofen stehen lassen.

Tipp

Wer Aprikosen einige Tage aufbewahren möchte, sollte sie nicht waschen, denn durch die Feuchtigkeit werden sie schnell schlecht.

»Aprikosen sind kleine **Verwandlungskünstler**.«

Rezeptregister

Rezepte mit Kirschen

Rezepte mit Aprikosen

Alphabetisches Rezeptregister

ISBN: 978-3-572-08128-8

1. Auflage

Umschlaggestaltung: Atelier Versen, Bad Aibling
Layout: Katharina Schweissguth, Visuelle Kommunikation, München
Fotografie: Karl Newedel, München
Foodstyling: Christian Arsan, Karl Newedel, München
Weitere Fotos: S. 6 und 9: fotolia/Xavier; S.7 und 43: fotolia/by-studio
Bildredaktion: Sabine Kestler
Herstellung: Elke Cramer
Projektleitung: Anja Halveland

Satz: Nadine Thiel, kreativsatz, Baldham
Reproduktion: Regg Media GmbH, München
Druck und Verarbeitung: Mohn Media Mohndruck GmbH, Gütersloh

Printed in Germany

FSC® MIX
Papier aus verantwortungsvollen Quellen
www.fsc.org
FSC® C011124

Verlagsgruppe Random House FSC®-N001967
Das für diesen Titel verwendete FSC®-zertifizierte Papier *Profisilk* wurde produziert von Sappi Stockstadt.

Lebenslust & Gaumenfreude

80 Seiten, durchgehend bebildert, gebunden
ISBN 978-3-572-08127-1

Auch als E-Book erhältlich

Ein warmer Sommerabend ist angesagt? Schnell eine kleine Einladung verschicken, ein paar Laternen aufstellen und schon kann es losgehen. In diesem Buch finden Sie unkomplizierte Rezepte, die sich gut vorbereiten lassen und auch ungeübte Köche zu guten Gastgebern werden lassen. Probieren Sie es einfach aus!

Überall erhältlich, wo es Bücher gibt.

Bassermann Inspiration

www.bassermann-verlag.de